문학과지성 시인선 352

광휘의 속삭임

정현종 시집

문학과지성사

문학과지성사에서 펴낸 정현종의 시집

나는 별아저씨(1978)
떨어져도 튀는 공처럼(1984)
한 꽃송이(1992)
세상의 나무들(1995)
갈증이며 샘물인(1999)
견딜 수 없네(2013, 시인선R)
그림자에 불타다(2015)
사랑할 시간이 많지 않다(2018, 시인선 R)
어디선가 눈물은 발원하여(2022)
정현종 시전집(1999, 전집)

문학과지성 시인선 352
광휘의 속삭임

초판 1쇄 발행 2008년 9월 5일
초판 12쇄 발행 2025년 5월 26일

지 은 이 정현종
펴 낸 이 이광호
펴 낸 곳 ㈜**문학과지성사**
등록번호 제1993-000098호
주   소 04034 서울 마포구 잔다리로7길 18(서교동 377-20)
전   화 02)338-7224
팩   스 02)323-4180(편집) 02)338-7221(영업)
전자우편 moonji@moonji.com
홈페이지 www.moonji.com

ⓒ 정현종, 2008. Printed in Seoul, Korea

ISBN 978-89-320-1887-4 03810

이 책의 판권은 지은이와 ㈜**문학과지성사**에 있습니다.
양측의 서면 동의 없는 무단 전재 및 복제를 금합니다.

문학과지성 시인선 352
광휘의 속삭임

정현종

2008

시인의 말

외로움과 눈물의 광휘
그림자와 가슴의 광휘
숨결과 바람의 광휘 속에서

2008년 9월
정현종

광휘의 속삭임

차례

시인의 말

꽃 시간 1　9
시가 막 밀려오는데　10
꽃 시간 2　12
내 심장들이여　13
빨간 담쟁이덩굴　14
우리가 서로　15
아픈 친구의 지구　16
어떤 적막　17
하루　18
공기로 지은 집　19
찬미 귀뚜라미　20
예술이여　22
창조　23
빛 구름이　24
실수　25
바람이 시작하는 곳　26
맑은 날　28
한 송이 바다　29
수평선　30

동트는 마음 32
지금부터 쓰는 시는 34
바쁜 듯이 35
슬프다 36
거대한 무의식 37
고요여 38
구두 수선소를 기리는 노래 39
이삿짐 40
옛날의 행운 41
음악가들 42
지옥 46
공중에 들어 올려진 손 48
고요여 2 50
흙냄새 2 51
정신은 어디서나 싹튼다 52
걸음걸이 9 53
무한 바깥 54
방문객 55
품위에 대하여 56
굴뚝 57
시 죽이기 58
여자 59
마음먹기에 달렸어요 60
어떤 예술론 62
아침 63
술 맛 64

이런 시야가 어디 있느냐 66
어떤 참선 67
한 별자리가 걸어다니니 68
바람의 그림자 70
오 따뜻함이여 71
서호에 가서 72
오 씨앗들 74
맛의 에너지 76
금강 빛이여 77
산 예찬 78
빛-방울 79
어떤 聖畵 80
광휘의 속삭임 82
샹그리라 84
장소에 대하여 85

해설 | 날빛의 무한파동을 꿈꾸는 시·박혜경 87

광휘의 속삭임

꽃 시간 1

시간의 물결을 보아라.
아침이다.
내일 아침이다.
오늘 밤에
내일 아침을 마중 나가는
나의 물결은
푸르기도 하여, 오
그 파동으로
모든 날빛을 물들이니
마음이여
동트는 그곳이여.

시가 막 밀려오는데

잠결에
시가 막 밀려오는데도,
세계가 오로지 창(窓)이거나
지구라는 이 알이
알 속에서 부리로 마악 알을 깨고 있거나
시간이 영원히 온통
푸르른 여명의 파동이거나
하여간 그런 시가 밀려오는데도,
무슨 푸르른 공기의 우주
통과하지 못하는 물질이 없는 빛,
그 빛이 만드는 웃고 있는 무한―
아주 눈 속에 들어 있는 그 무한
온몸을 물들이는 그 무한,
하여간 그런 시가 밀려오는데도
나는 일어나 쓰지 않고
잠을 청하였으니……
(쓰지 않으면 없다는 생각도
이제는 없는지

잠의 품속에서도
알은 부화한다는 것인지)

꽃 시간 2

금세기의 우리들이여
시간을 잃은 지 오래되지 않았는가.
생각해보자, 예컨대
돈과 기계에 마비되어
바삐 움직이면서
시간을 돈 쓰듯 물건 쓰듯 쓰기만 하고
시간 자체!를 느끼는 일은 전무한 듯
하니, 시간의 꽃인 그 시간 자체는
어떻게 되었는가.
시간 자체를 느낄 때에만 피는 그 꽃
그 꽃의 향기 없이는, 그
향기를 깊이 들이마시는 코 없이는
인생살이도 이 세상도 허섭스레기일 뿐인데
시심(詩心)에서나 겨우 그 꽃 그
꽃 시간은 희귀하게 동터오니
이미 망한 세상에서 우리는
이미 망한 줄도 모르고 살고 있는
여지없이 망한 인생임에 틀림이 없다.

내 심장들이여

날이 맑아

석양은 제 빛이고

하늘도 제 빛이고

구름도 제 빛인데

구름은 또 조개구름

어린 시절에 보던 그대로이니

내 심장들이여

석양 – 심장

하늘 – 심장

구름 – 심장이여

제 빛의 심장이여

빨간 담쟁이덩굴

어느새 담쟁이덩굴이 붉게 물들었다!
살 만하지 않은가, 내 심장은
빨간 담쟁이덩굴과 함께 두근거리니!
석류, 사과 그리고 모든 불꽃들의
빨간 정령들이 몰려와
저렇게 물을 들이고,
세상의 모든 심장의 정령들이
한꺼번에 스며들어
시간의 정령, 변화의 정령,
바람의 정령들과 함께 잎을 흔들며
저렇게 물을 들여놓았으니,
살 만하지 않은가, 빨간 담쟁이덩굴이여,
세상의 심장이여,
오 나의 심장이여.

우리가 서로

우리가 서로
연료가 되면 최상이다!
(나를 불 때다오
너를 불 때줄게)
만물은
불의 유전(流轉)이다.
(헤라클레이토스는 하여간
불을 장악하였다.
장악하려면 적어도
그만한 걸 해야 하거니와)

아픈 친구의 지구

한 친구가 위암 수술을 받았을 때
나는 지구의 자전 속도에 제동을 걸었다.
그 무렵 나는
놀러 가는 일을 그만두었으니
지구의 자전 속도가 줄어든 걸 알 수 있었다.

어떤 적막

좀 쓸쓸한 시간을 견디느라고
들꽃을 따서 너는
팔찌를 만들었다.
말없이 만든 시간은 가이없고
둥근 안팎은 적막했다.

손목에 차기도 하고
탁자 위에 놓아두기도 하였는데
네가 없는 동안 나는
놓아둔 꽃팔찌를 바라본다.

그리로 우주가 수렴되고
쓸쓸함은 가이없이 퍼져나간다.
그 공기 속에 나도 즉시
적막으로 ―家를 이룬다―
그걸 만든 손과 더불어.

하루

하루는 만 년이고
순간은 이게 겁이다.
하루의 끝이 어디인가.
하루는 끝이 없다.
어디서는 해가 뜨고
어디서는 해가 진다.
(사랑이 뜨고 지듯이)
열(熱)은 끝이 없다.
재(灰)가 그렇듯이.
바람의 가슴도 끝이 없고
강물의 한숨도 끝이 없다.
하늘의 구석구석
마음의 구석구석
웃음도 끝이 없고
눈물도 끝이 없다.
만물의 체온을 감당할 길 없으니
통로 무한은 피어나 넘친다.
하늘의 구석구석
마음의 구석구석
하루는 끝이 없다.

공기로 지은 집

양평 어떤 골짜기에
김화영이 집을 지었다고 해서
가 보았더니
집은 보이지 않고
맑은 공기만 가득하다.
공기로 집을 지은 모양이다.
앉아 있거나 누워 있거나
드나들거나
공기-바닥이요 공기-문
이며 공기-벽이다.
집 짓느라고 고생을 많이 했을수록
싸움질을 많이 했을수록
집은 더욱더
공기이다.
곡신(谷神)이 너부러져 있고
골짜기의 허파로 숨을 쉰다.

찬미 귀뚜라미

가을이 오기는 했다마는
무슨 섬돌이라고
내 책상 아래서
소리를 내고 있는 귀뚜라미야,
네 맑은 음악
네 깨끗한 소리
그다지도 열심히
그침 없이 오래오래
내 귀에 퍼부어
귓속에
마르지 않는 샘물을
세상에서 제일 맑은 샘물을
솟아나게 하고 있는
귀뚜라미야,
지난여름의 내 게으름과
게으르기 쉬운 정신을 일깨우는
17밀리미터 작은 몸의
날개에서 울려내는

너의 소리는, 예컨대,
저 모든 종교라는 것들의 경전들을
다 합해도 도무지
그 근처에도 가지 못할
말씀이시다 실솔(蟋蟀)이여,
내가 알아들을 때까지
(실은 들리자마자 알아들었거니와)
열심히, 의도한 듯 열심히,
내 귀에 퍼부어
내 가슴을
세상 제일 맑은 샘물의
발원지로 만들고 있는
실솔이여.

예술이여
── 베네치아 시편 1

베네치아 산 조르조 섬
한 수도원에서 묵었다.
아침에 일어나 밖에 나가
건물을 올려다보니 거기
나뭇잎 부조(浮彫)가 있고
또 꽃이 한 송이씩 솟아 있다.
그 나뭇잎들이 이 육중한 건물을
몇백 년 동안 지탱해왔고
나는 그 나뭇잎 위에서 잠을 잔 것이다!
또한 그 꽃 위에서!

이 무겁디무거운 역사를 그나마
겨우 건져내고 있는 미의지(美意志)여,
나뭇잎 조각이며
꽃 부조며
어젯밤 나는 그 위에서 잠을 잤구나.
꿈을 겨우 건져내면서,
예술이여, 미의지여!

창조
— 베네치아 시편 2

조물주는 만물을 창조할 때
바로 그것들이 되어 그렇게 했다.
새를 창조할 때는
새와 함께 날고
개를 만들 때는
개와 함께 뛰었으며
물고기를 창조할 때는
물고기와 함께 헤엄쳤다
틴토레토의 「동물 창조」에서 보듯이.

(모든 창조의 최상의 길)

빛 구름이

저녁 아홉 시.
밖에서 저녁 먹고
술 한잔하고
돌아오다가
하늘을 보니 아,
구름이 빛 덩어리이고
또 하늘이 푸르르다, 이 밤에.
하얀 빛나는 구름 때문에 죽을 수도
있을 것 같다.
나는 다시 술집으로 간다.

돌아와 샤워를 하는데, 아
그 구름이 나를 씻겨주는 게 아닌가!

실수

나는
실수를 하면
자책을 아마 '지나치게' 하니
나를 너무 나무라지 마시기를

십자가의 요한은
지나친 자책을 또한
불완전함의 하나라고 했거니와
(그야말로 실수 연발이거니와)

바람이 시작하는 곳

하루를 공친다
한 여자 때문에.

하루를 공친다
술 때문에.

(마음이여 몸이여 무거운 건 얼마나 나쁜가)

정신이라는 과일이 있다.
몸이라는 과일이 있다.
그 둘은 서로가 서로에게
두엄이고 햇빛이고
바람이거니와

바람 없는 날은
자기의 무거움에서 벗어날 길이 없는
대지여
여자는 바람인가

술은 햇빛인가

그러나 언제나
마음은 하늘이다
바람이 시작하는 그곳이여.

맑은 날

날빛이 밝고 맑아
이마가 구름에 닿는다

바람결은 온몸에
무한을 살랑댄다

기쁨은 공기 중에
희망은 날빛 속에

한 송이 바다

한 송이 바다
바다 한 송이를
애기동백들은
감당하지 못한다.
붉고 붉고
수없이 붉어도
이상하리만큼 무력하다
한 송이 바다 앞에서는.

수평선

옆으로 누웠는데 창으로
수평선이 보인다.
나도 즉시
머리에서 발끝까지 수평선이다.
나란히
수평선.

(땅 위의 생물로서
마음은 늘 지평선이어서
새들과 함께 멀리멀리
항상 새들과 함께
움직이는 것이었지만
무한 쓸쓸한 것이었지만)*

바닷가에서
수평선과 나란히
옆으로 누우니
그 우연한 일치가

巨人을 넘어
天人.
우주 속으로
사라지니.

* 前作「지평선과 외로움 두 날개로」 참조.

동트는 마음
―― 베네치아 시편 3

2005년 2월 3일
새벽에 깨었는데
마르코 생각에 사로잡힌다.
베네치아 라 훠스카리 대학 학생.
(전공 중국어, 부전공 한국어)
새벽에
산 마르코 광장에서 배로
공항까지 나를 안내했는데,
그 태도
너무 성실해
필경
성 마르코의 재현.
날씨는 음산하고
욕망도 그렇고
자본은 냉혹하고
물결은 차가운데
따뜻한 불꽃 하나
내 옆에서 타고 있다.

성 마르코의
에피파니.

지금부터 쓰는 시는

지금부터 쓰는 시는
시집도 내지 말고
다 그냥
공기 중에 날려버리든지
하여간 다 잊어버릴란다.
그럴란다.
(아이구 시원해)

바쁜 듯이

1

정말 바쁘지는 말고
바쁜 듯이.
그것도 스스로에게만
바쁜 듯이.

2

한가한 시간이 드디어
노다지가 될 때까지 느긋하게
느긋하게 바쁜 듯이.

슬프다

이 시간이면
올 사람이 왔겠다 생각하니
슬프다.
갈 사람이 갔겠다 생각해도
슬플 것이다.
(왜 그런지)
그 모오든 완결이
슬프다.

거대한 무의식

생명은 거대한 무의식이다.
그리고 그건 영원히 그렇다.

엄마가 어린 딸의 손을 잡고 지나간다.
뭐라고 뭐라고 딸이 옹알거리고
뭐라고 뭐라고 엄마가 되풀이한다.
나는 누구인가.
나는 저 딸아이가 낳은 것이다
라는 생각이 번개처럼 스친다.
시작도 없고 끝도 없다.

고요여

동산 자락으로 난 길을
걸어 내려오는데
건물 뒤편
나무들 사이에서 고요가
(자동차도 오토바이도 그 모든
기술 문명의 소리도 또
사람들의 소리도 들리지 않는 드문
순간이어서 그런가)
불현듯 고요가
아 들리는 것이었다!
고개를 돌려
그쪽을 자꾸 보면서
보고 또 보면서
나는 순식간에 회복되는 것이었다!
기쁨이 넘치는 것이었다!
현대 세계의 제일가는 비방(秘方)
고요여.

구두 수선소를 기리는 노래

거리에 여기저기 있는
구두 수선소,
거기 앉아 있는 사람은 한결같이
평화롭다.
마음은 넘친다—
바라보아도 좋고
앉아 있어도 좋다.
작아서 그럴 것이다.
낮아서 그럴 것이다.
그것들보다 더한 성소(聖所)는 없기 때문일 것이다.
우리가 비로소
제자리에 있기 때문일 것이다.

이삿짐

이삿짐은
모든 이삿짐은
도무지 거룩하기만 해서
똑바로 쳐다볼 수도 없다.

옛날의 행운
— 김성윤 군의 회상

젊은 시절에요
아무것도 없었는데
걱정도 없었고
두려움도 없었어요.
친구들도 그렇고
선생님도 그렇고
무엇보다도
마음이 있었어요.
그걸 내놓고
먹으라고
먹으라고 했어요.
참 행운이었어요.

음악가들

바하

지구를 덮고 있는 바다
천지간에
그다지도 두터운 물질의
숨결인
파도,
그 물결의 쉼없는(!)
일렁임이 내장하고 있는
성성(聖性)과
평화 무한
그리고
순명(順命)의
운동들의
춤.

베토벤

몸속에
천둥이 구르고
마음은
폭풍.
위풍,
당당,
타이타닉!
불끈
불끈
솟는
일어서는
한 거인과
많은 거인들!

모차르트

땅 위의
모든
마르지 않는
샘물.
땅 위의
(실은)
슬픔의
금강석.
온갖 웃음
샘솟고
눈물
터지는
그
명랑성의
광휘!

남은 변주

자연에 견줄 만큼
마음을 생생하게
따라서
몸을 생생하게 하는
그리고
드높이는
인류 출현 이후
제일
은총.

지옥

이 사람은
사람으로 태어나서
자기가 있는 곳을 지옥으로 만들었다.
그리고 그 지옥의 왕 노릇을 하기 위해서는
그곳을 더욱더 지옥으로 만들지 않으면 안 되었는데
그게 지옥의 존속 방법이요
권력의 생리이기 때문이다.

   누군들 제 속에 지옥이 없으리오
   마는
   어느 정도 사람이라면
   제 속의 지옥을
   세상에 퍼지 않는 노력을 할 터이다.
   그러나 지금의 화두는 개인 문제가 아니다.

이 사람은
태양과 바람과
모든 마음들이 만드는 날빛을

피해 숨어, 아,
아침을 어둡게 만들고
또 저녁을 무겁게 하였다.

공중에 들어 올려진 손

괴테의 『친화력』을 읽고 나서
숙연한 감동 속에서
나는
내 손이
나도 모르게
공중에 들어 올려져 있는 걸 보았다.
나는 이미
그 손을
바라보고 있었다.

세상의 제도와
도덕 위로
미끄러지는
마음의 자연은
(진지한 유희 본능은)
숨어 있는 세상들을
새록새록 열어 보이고,
어떤 사람의 저

가차 없는 진정성은
나를 다시 태어나게 한다.

(그건 지구의 자전과 공전)

공중에 들어 올려진
손.

고요여 2

봄 산
어린 잎
만지고 또 만지며
오르다가
낙엽 위에 앉아
저쪽
산과
골짜기를
바라보노라니
순식간에
마음은
고요하여.
고요하고
고요하여.
(고요하면
살리라)

가없는
고요여.
마음의 생살이여.

흙냄새 2

흙냄새를 맡고 나서
침을 삼키니
침이
달다!

정신은 어디서나 싹튼다

정신은 어디서나 싹튼다.
비에 젖어 햇빛에 반짝이는 나뭇잎에서
번개와도 같이 그건 싹트고,
창밖으로 지나가는 사람의 배경이
그 움직임을 씨앗으로 하여 팽창할 때
그건 꽃필 준비가 되어 있으며,
활성(活性) 슬픔에서는 물론
굴광성(屈光性) 기쁨에서도 정신은
싹튼다.
그 어디서나 정신은 싹튼다.

＃ 걸음걸이 9

땅이 꺼지게 걸어가는 사람이 있어요.
한 손에는 책가방을 들고
다른 손에는 쇼핑백을 들고—
이 사람은 하여간 무거운 모양이니
땅이여 꺼지지 마시옵소서.

무한 바깥

방 안에 있다가
숲으로 나갔을 때 듣는
새 소리와 날개 소리는 얼마나 좋으냐!
저것들과 한 공기를 마시니
속속들이 한 몸이요
저것들과 한 터에서 움직이니
그 파동 서로 만나
만물의 물결,
무한 바깥을 이루니……

방문객

사람이 온다는 건
실은 어마어마한 일이다.
그는
그의 과거와
현재와
그리고
그의 미래와 함께 오기 때문이다.
한 사람의 일생이 오기 때문이다.
부서지기 쉬운
그래서 부서지기도 했을
마음이 오는 것이다—그 갈피를
아마 바람은 더듬어볼 수 있을
마음,
내 마음이 그런 바람을 흉내낸다면
필경 환대가 될 것이다.

품위에 대하여

이 세상에서
품위 지키기란 얼마나 어려운가.
남이 긁어놓기도 하지만
스스로 버리기도 한다.
품위 손상에 있어서는
어디까지가 나이고
어디까지가 남인지
알 수 없는 수가 많다.
아 그러나
그러나!
우리가 올바로 생각하기가
그렇게 어려운 것인가.

굴뚝

내 어깨에는
굴뚝이 하나 있어
열 받거나
가슴에 연기가 가득할 때
그리로 그것들을 내보낸다.
어떤 때는 연기가 많이 나고
어떤 때는
빈집 같다.

(어떻든 나는
굴뚝 요법을 추천한다.
그리고 굴뚝은
예컨대 고찰(古刹)의 옛 굴뚝처럼
이쁠수록 좋다.)

시 죽이기

시를 쓰련다는 야심은
그것만으로
시를 죽이기에 충분하다는
앙리 미쇼의 말씀!

시여
굶어 죽지도 않는구나.

여자

나는 여자를 잘 안다.
즉 여성성이 뜻하는 걸 잘 안다.
여자는 자연이다.

우리의 자연,
잃어버렸다는 낙원의 현현을
반짝이지 않을 수 없다.
역사 이전
문명 이전
나 이전
너 이전
의
원초
또는
앙드레 브르통과 더불어
"모음들로 넘쳐흐르는 화관(花冠)."

마음먹기에 달렸어요

마음먹기에 달렸어요.
마음을 안 먹어서 그렇지
마음만 먹으면
안 되는 일이 없어요.

마음에 저절로 물드는
저 살아 있는 것들의 그림자
있는 그대로 물드는
그 그림자들도
마음먹은 뒤에 그래요.

마음을 먹는다는 말
기막힌 말이에요.
마음을 어쩐다구요?
마음을 먹어요!
그래서
안 되는 일이 없다는 거예요.

마음먹으니
노래예요.
춤이에요.
마음먹으니
만물의 귀로 듣고
만물의 눈으로 봐요.

마음먹으니
태곳적 마음
돌아오고
캄캄한데
동터요.

어떤 예술론
── 소흥 난정에 가서 1

왕희지 놀던
소흥 난정(蘭亭)에 가서
연못에 금어(金魚)들 헤엄치는 걸 보며
저거로군, 무릎을 치네.
그를 서성(書聖)이 되게 한 건
물고기의 몸놀림,
그리고
공중에 마음껏
서체(書體)를 만들고 있는
나뭇가지들이니.

아침

아침에는
운명 같은 건 없다.
있는 건 오로지
새날
풋기운!

운명은 혹시
저녁이나 밤에
무거운 걸음으로
다가올는지 모르겠으나,
아침에는
운명 같은 건 없다.

술 맛
── 소흥 난정에 가서 2

술 맛은
더불어 마시는 사람과
때와
장소와
그런 것들이 만드는
기분과 분위기에 따라
정해지는 것.
그러나 제일 중요한 건
풍류가 있어야 한다는 것.

왕희지 놀던
난정(蘭亭),
거기 흐르는
곡수(曲水)에
소흥주 부은 잔을 띄워
흐르는 잔을
자루 긴 망사 주걱으로 건져주니
한잔 더! 아니할 수 없었다.

환생한 두 비연(飛燕)*들이
전통 복식으로 사뿐히
내가 달라는 대로
잔을 떠서 가슴 앞에 올리니
나는 그녀들까지
손바닥에 올려
홀짝 마셔버렸다.

옆에 세워놓은 석비(石碑)에 새긴
명필 클 태(太) 자는
눕혀놓는 게 좋을 뻔했다.

---

* 비연: 한(漢)나라 성제(成帝)의 황후가 된 조비연(趙飛燕). 그 몸이 가벼워 손바닥에 올라설 수 있었다.

이런 시야가 어디 있느냐

청계산 능선을 가는데
어느 지점에서 홀연히
눈앞이 빛 천지다!
진달래꽃 때문이다.
천지에 웃음이 가득,
이런 빛 널반이 어디 있느냐.
이런 시야(視野)가 어디 있느냐.
(모든 종교들, 이념들, 철학들
그것들이 펼쳐 보인 시야는 어떤 것인가)
이런 시야라면
우리는 한없이 꽃 피리니,
웃는 공기 웃는 물 웃는 시방(十方)과 더불어
꽃빛 빛꽃 피리니.

어떤 참선

'떡만두'를 화두로
선정(禪定).
그분이 떡만두를 좋아하는지 어떤지……
점심을 먹기로 했는데……
생선 쪽인지……
물어봐야지.

한 별자리가 걸어다니니
── 박나희 예찬

천체 물리학도 박나희
우주에서 지구로 들어오는 에너지
우주선(宇宙線) 연구가.
(이화여대 물리학과 박사과정)
어려서부터 별자리를 좋아해
천체 관측 기회를 놓치지 않았다.
"공부 잘하면 무조건 의대 가는
분위기"가 싫어서,
그러니까 통념과 상투성
사회적 타성이 싫어서!
'진짜 공부'를 하기로 했었다.
그리하여 오스트리아 빈에서
'젊은 과학자상'을 받았는데,
별들이 보내온 상인 듯하니
내 마음도 반짝이는 바이지만,
그거야 어떻든
'우주의 신비'를 밝히고 싶어
통념, 상투성, 타성을 폐기해버린

그게 얼마나, 정말 얼마나 좋으냐!
반짝여라 지상(地上)의 별이여,

하늘의 한 별자리가
땅 위에서 걸어다니니
땅이 곧 하늘 아니냐!

바람의 그림자

창밖을 본다.
바람이 불고 있다.

한참 있다가 또 내다본다.
바람은 여전히 불고 있다.
시간이 꽤 지났는데……
흔들리는 나뭇가지
흔들리는 이파리들.

어른거리는 시간의 얼굴
바람의 움직임을 깊게 한다.
그림자들
어른거려
바람의 움직임은 깊다.
슬픔이 움직이기 때문이다.

슬픔이 움직인다.
바람의 그림자.

오 따뜻함이여

군밤 한 봉지를 사서 가방에 넣어
버스를 타고 무릎 위에 놨는데,
따뜻한 온기가 느껴진다.
갓 구운 군밤의 온기— 순간
나는 마냥 행복해진다.
태양과 집과 화로와
정다움과 품과 그리고
나그네 길과……
오, 모든 따뜻함이여
행복의 원천이여.

서호에 가서
─ 항주 시편

서호(西湖)의 눈동자
호심도(湖心島)에 몸을 비췄다가
배를 타고 돌아오는 길,
소동파의 풍경은
관광객으로 덮여 사라졌으나,
나도 그 징그러운 물결의 하나로서
오늘의 일상의 와중에
즉흥시를 한 수 읊었으니
동행 스물네 명이 들었노라.

  서시(西施)의 몸에*
  스물네 개의 달이 떴다,
  (맨날 왜
  호수에는 달이 뜨는지)
  하여간
  오늘은 백주(白酒)빛 달들.

  관광 와서

(관광을 하니까)
마침내
그 어렵다는 경지
평범에 이르렀으니,
여기서 고만
끝내도 되리

* 소동파는 한 시에서 서호(西湖)를 미인 서시(西施)에 비교했다.

오 씨앗들
── 한 중고등학교 개교기념일에 부쳐

'발랄'이 별명인
십대
소년소녀,
그들은 말하자면
움직이는 무한이에요.
잠재력 무한
호기심 무한
창의력 무한
열중 무한
꿈 무한……
학교는 말하자면
그 무한한 것들이
맘껏 피어나고
잘 흐르고
잘 익어가게 하는 공간,
매장량을 알 수 없는
그 애들의 자발성이
빛을 발하도록

부추기는 곳
보살피는 곳.
하여간
그 애들 속에 들어 있는
(투명해서 다 보이는)
씨앗들을
한없이 소중하게
보듬는
품.
씨앗들
숨 쉬는 소리
들려요.

맛의 에너지

아침에
파란 햇사과를 먹고
그 풋 맛에 고만
정신이 아득하여
마음은 당장
춤춘다.
혀로 오는
풋풋함의
무한 에너지.
자연에 내장된
저 동력 자원들의
미로를
흘러,
돌고 돌아,
내 입속에 들어온
그 맛의
생동력.
빛의 파장으로
마음은 춤춘다
풋풋함이여.

금강 빛이여
— 이스탄불 시편

톱카프 궁전 보석 세공품실.
86캐럿짜리 다이아몬드
그 앞에 서는 순간
빛의 벼락!
모든 보석이 실물 태양이지만
이 커다란 다이아몬드는 액면 그대로 태양이다!
이 금강석의 발광을 계속 보면
위험하다 — 눈이 멀거나
발광하게 될 터이니.
눈부셔서 숨 막히는 돌이여,
말이 아닌, 교조 따위도 물론 아닌
실물(實物) 빛,
금강(金剛) 빛이여.

산 예찬

멀리 보이는 산
노스탤지어,
가까이 마주 보면
그건
한 아름,
한 품!

그 산 오르면,
나무들과 함께
높은 데로 높은 데로
솟아오르면
공기만이 에너지
웃음이 연료!

내려와서
그 산 바라보면
나는 이미
나와 비교할 수 없는
거인,
한 창공!

빛 – 방울
―― 진은숙의 음악

소리의 이슬,
무슨 빛의 방울,
일렁이고
반짝이고
구르고
번개 치는
빛 – 방울.
살 속에
소리의 광맥――필경
소리의 금광,
물결이거나
돌이거나
종소리거나
하여간 모든 사물에서
빛을 추출하고
분리하는
손,
손가락 끝에
빛의 이슬들!

어떤 聖畵

아침 시간,
산속의 한 카페,
원탁에 김·이·오·정·채
최·허 …… 들이 앉아 있는데,
넓은 창으로 햇살이 좍—
쏟아져 들어와 그 원탁을
비추는데, 야! 성화로구나,
자연이 시키는대로 렘브란트가
일을 하고 있는 듯,
아침 시간과
저 환하고 맑은 빛과
무엇보다도 원탁의 그
원형(圓形)이
(모든 둥근 것에 축복을!)
그 그림을 성화로 만들고 있었다.
그 원탁은 테이블이자
원광(圓光)이었다.
(그림 속 인물들의 웃음과 눈물과

하여간 그 인생들이야 말할 것도 없이
성스러운 것이거니와)

광휘의 속삭임

저녁 어스름 때
하루가 끝나가는 저
시간의 움직임의
광휘,
없는 게 없어서
쓸쓸함도 씨앗들도
따로따로 한 우주인,
(광휘 중의 광휘인)
그 움직임에
시가 끼어들 수 있을까.

아픈 사람의 외로움을
남몰래 이쪽 눈물로 적실 때
그 스며드는 것이 혹시 시일까.
(외로움과 눈물의 광휘여)

그동안의 발자국들의 그림자가
고스란히 스며 있는 이 땅속

거기 어디 시는 가슴을 묻을 수 있을까.
(그림자와 가슴의 광휘!)

그동안의 숨결들
고스란히 퍼지고 바람 부는 하늘가
거기 어디서 시는 숨 쉴 수 있을까.
(숨결과 바람의 광휘여)

샹그리라

어리석어서 그렇겠지만
내게는
처음 가는 곳은 모두
샹그리라이다.
그래서
가기 전에 내내
그곳은 하여간 꿈과 같아
갈 날이 가까워지면서는
가벼운 흥분 상태에 있기도 하다.
(오 시간이여, 오 계절들이여
흥분 없는 인생이 어디 있으랴)
처음 가는 곳은 하여간
모두가 샹그리라이다—
내 몽상의 생리.

장소에 대하여

모든 장소들은
생생한 걸 준비해야 한다.
생생한 게 준비된다면
거기가 곧 머물 만한 곳이다.
물건이든 마음이든 그 무엇이든
풍경이든 귀신이든 그 무엇이든
생생한 걸 만나지 못하면
그건 장소가 아니다.
(가령 사랑하는 마음은 문득 생생한 기운을 돌게 한다.
슬퍼하는 마음은 항상 생생한 기운을 일으킨다.
올바른 움직임은 마음에 즐거운 청풍을 일으킨다)
생생해서 문득 신명 지피고
생생해서 온몸에 싹이 트고
생생해서 봄바람 일지 않으면
그건 장소가 아니다.
오 장소들의 지루함이여,
인류의 시간 속에 어떤 생생함을

한 번이라도 맛볼 수 있는 것인지,
참으로 드문 그런 은총을
한 번이라도 겪을 수 있는 것인지……
시간은 한숨 쉬며 웃고 있고나.
그나마 시와 그 인접예술들은
곧 장소의 생생함이어야 하므로,
모름지기 우리의 시간
그리하여 우리의 사는 곳이
생생하기를 바라는 움직임이거니와……

| 해설 |

날빛의 무한파동을 꿈꾸는 시

박 혜 경

1. 쉽고 가볍고 단순한

『광휘의 속삭임』(2008)에 실린 정현종의 시들은 쉽고 가볍고 단순하다. 애써 시의 의미를 이해하려 애쓰지 않아도 술술 머릿속으로 스며들어, 마치 시 전체가 의미 이전에 하나의 파동이나 숨결처럼 물결쳐오는 느낌이다. 한입 가득 베어 물었으나, 입 안에 단맛만을 남긴 채 형체도 없이 스러지는 솜사탕처럼, 방금 읽은 시가, 읽는 순간 스러지는 시의 단맛만을 남긴 채, 투명하게 내 몸을 통과해 버린 듯한 느낌. 그 느낌이란 마음속으로 무언가를 힘주어 움켜쥐고 있던 자세에서 놓여난 뒤의 편안함과 맞닿아 있다. 거기서 더 나아가 무언가를 움켜쥔 자세로부터 벗어나려는 의식마저 놓아버리려는 상태. 정현종의 시들은 그렇게 온몸의 힘을 풀고, 무언가를 움켜쥐고 있는 의식 너머의 무한(無限), 그 파동치는 무(無)의 율동을 향해 물결치고 있다. 정현종의 시들이 점점 단순해지는 이유이다.

정현종의 시들을 이끌어온 것은 끊임없이 시의 보따리, 삶의 보따리 속에 쟁여놓은 욕망 덩어리들을 비워내려는 욕망이었다. 그가 발끝만으로 꼿꼿하게 땅을 디디고 선 니진스키의 춤에 매혹될 때, 혹은 가죽을 뚫고 나올 듯 팽팽한 바람을 품은 채 땅을 박차고 튕겨 오르는 공의 탄력을 예찬할 때 그가 꿈꾼 것은 땅 위에 머무르면서도 땅 위의 삶에 속박되지 않는 정신의 온전한 가벼움, 수축과 팽창을 거듭하며 정신의 원심력이 땅의 구심력과 터질 듯 맞서 있는 순간의 집중이 가져다주는 정신의 희열이었다. 그러나 이전의 그의 시들은 그러한 상태를 갈망하는 정신적 고투의 궤적, 혹은 그 고투의 궤적이 빚어내는 긴장된 의식의 풍경 속에 머물러 있었다. 그의 시들은 사물들의 내부에 터질 듯이 충만한 시적 상상력의 입김을 불어넣음으로써 사물들을 현실과 꿈, 혹은 고통과 매혹 사이에 놓인 시인의 팽팽한 의식의 긴장 속으로 끌어당기려는 태도를 보여주었다. 요컨대 그의 시들은 사물들 자체보다 사물들이 시인의 의식에 불러일으키는 상상력의 율동에 집중해왔던 것이다.

그러나 그 이후, 정확히는 『사랑할 시간이 많지 않다』

(1989) 이후 그의 시들은 차츰 사물들을 둘러싼 상상력의 주관적 율동보다는 사물들의 물(物) 자체에 몰입하는 양상을 보여왔다. 사물들을 의식의 내부로 끌어당기려는 정신의 긴장 대신 사물들의 인력(引力)에 자신을 내맡기려는 태도의 변화가 나타나기 시작한 것이다. 『광휘의 속삭임』에 실린 시들 역시 그러한 변화의 연장선 위에 놓인 시들이다. 시인의 이러한 변화에서 두드러져 보이는 것은 시인의 의식세계를 가득 채우고 있는 복잡한 의미의 거미줄을 걷어내고, 사물의 있음 그 자체, 움직임 그 자체를 있는 그대로 받아들이려는 자세이다. 시인은 이제 파동이나 숨결로 시인에게 무언의 전언을 보내오는 사물들의 숨겨진 비의를 받아들이기 위해 자신의 몸 전체를 텅 비워내려 한다. 말하자면 사물의 소유avoir가 아니라 사물의 상태être에로, 혹은 사물의 의미가 아니라 존재에로 뻗어나가는 시의 율동이 시작된 것이다. 이전에 쓴 정현종론(論)에서 나는 그의 시들이 보여주는 이러한 시의 율동을 가리켜 "의식이 대상을 비추고 대상이 그 의식의 거울이 되는, 안팎이 없는 하나의 전체적인 운동으로 존재하"는 상태로 표현한 바 있다. 대상을 향한 어린아이의 무구한 마음으로 대상의 있음 그 자체를 즐기고 신기해하는 마음, 혹은 오랜 질병을 거쳐 회복기에 이른 환자가 새로운 눈부심으로 세상을 바라보듯 대상과 만나던 첫경험의 순간으로 되돌아가려는 투명한 포용성의 세계. 정현종의 시들은

이제 사물의 바깥에서 사물을 해석하고 그에 대한 복잡한 의미의 얼개를 부여하는 대신, 사물들과 한 몸으로 움직이는 시를 갈망한다. 그는 사물에 의미를 들씌우려는 해석적 권위를 버리고, 사물의 천진한 유희자가 되어 사물들 속으로 잠입하려 한다. 정현종의 시들이 쉽고 가볍고 단순해지는 것은 그 때문이다. 이런 의미에서 이 해설은 시집의 끝에 불필요하게 따라붙는 하나의 사족에 불과할 것이다. 그것은 의미가 사물을 독점하고 있는 세계, 의미의 무게에 짓눌려 무겁게 신음하고 있는 세계로부터 벗어나려는 시인의 갈망을 또다시 의미의 얼개로 붙잡아놓으려는 허망한 시도에 지나지 않을 것이기 때문이다. 그러나 어쩌겠는가? 언어의 감옥에 갇힌 우리는 영원히 의미의 사슬을 벗어나지 못할 언어의 불쌍한 수인(囚人)에 지나지 않는 것을……

2. 무한 바깥의 날빛

『광휘의 속삭임』에서 눈에 가장 자주 띄는 어휘들은 '파동' '물결' '날빛' '무한' '푸르른' '넘친다' '바람결' '샘솟고' '터지는' 등이다. 이를테면

　　내일 아침을 마중 나가는

나의 물결은
　　푸르기도 하여, 오
　　그 파동으로
　　모든 날빛을 물들이니　　　　　──「꽃 시간 1」 부분

　　시간이 영원히 온통
　　푸르른 여명의 파동이거나
　　하여간 그런 시가 밀려오는데도,
　　무슨 푸르른 공기의 우주
　　통과하지 못하는 물질이 없는 빛,
　　그 빛이 만드는 웃고 있는 무한―
　　　　　　　　　　　──「시가 막 밀려오는데」 부분

등의 시들이 그렇고,

　　만물의 체온을 감당할 길 없으니
　　통로 무한은 피어나 넘친다.　　　──「하루」 부분

　　온갖 웃음
　　샘솟고
　　눈물
　　터지는
　　그

명랑성의
　　광휘!　　　　　　　　　　　―「음악가들」부분

등의 시들이 그렇다. 이처럼 끊임없이 흐르고 출렁이며 언어의 경계선 바깥으로 흘러넘치는 사물들의 모습을 나타내는 시어들은 정현종의 시들을 일관하는 자연 예찬의 메시지와 통해 있다. 시인이 바라보는 자연의 시공간에는 어떠한 경계선도 없다. 오직 사물들을 의미의 감옥에 가두려는 인간만이 시간을 구분하고 공간을 분할한다. 시인이

　　금세기의 우리들이여
　　시간을 잃은 지 오래되지 않았는가.
　　생각해보자, 예컨대
　　돈과 기계에 마비되어
　　바삐 움직이면서
　　시간을 돈 쓰듯 물 쓰듯 쓰기만 하고
　　시간 자체!를 느끼는 일은 전무한 듯
　　하니, 〔……〕　　　　　　―「꽃 시간 2」부분

라고 노래할 때, 그는 시간을 물 쓰듯 쓰면서 시간의 주인으로 자처해온 인간이 기실은 인위적으로 나눠진 시간의 지배를 받는 노예에 지나지 않음을 일깨운다. 시간을 쓰기만 하고 시간을 느끼는 일에는 무능해져버린 인간의 삶

은, 자연에 대한 지배력을 얻었지만 정작 그 알맹이인 자연을 잃어버린 인간의 삶과 닮아 있다. 시인은 그러한 삶에 대해 "이미 망한 세상에서 우리는/이미 망한 줄도 모르고 살고 있는/여지없이 망한 인생임에 틀림이 없다"라고 말한다. 시인이 말하는 '꽃 시간'이란 "시간 자체를 느낄 때에만 피는"(이상 「꽃 시간 2」) 꽃, 다시 말해 인위적으로 분할된 시간 이전의 시간으로부터 흘러나오는 시간의 '날빛'을 가리키는 것일 것이다.

의미에 의해 인위적으로 경계 지어진 세계 위로 흘러넘치는 자연의 파동은 시인의 정신을 깨우고 마음을 깨우고 마침내는 몸을 깨운다. 시인이 꿈꾸는 시, 혹은 삶이란 다음의 시들이 노래하듯, 자신의 몸 안으로 흘러들어오는 자연의 푸르고 붉은 날빛과 함께 물들고 물결치는 삶, 자신의 전 존재가 그 날빛과 하나의 몸으로 스며드는 삶이다.

어느새 담쟁이덩굴이 붉게 물들었다!
살 만하지 않은가, 내 심장은
빨간 담쟁이덩굴과 함께 두근거리니!
석류, 사과 그리고 모든 불꽃들의
빨간 정령들이 몰려와
저렇게 물을 들이고,
세상의 모든 심장의 정령들이
한꺼번에 스며들어 　　　──「빨간 담쟁이덩굴」부분

방 안에 있다가
　　숲으로 나갔을 때 듣는
　　새 소리와 날개 소리는 얼마나 좋으냐!
　　저것들과 한 공기를 마시니
　　속속들이 한 몸이요
　　저것들과 한 터에서 움직이니
　　그 파동 서로 만나
　　만물의 물결,
　　무한 바깥을 이루니……　　　　——「무한 바깥」 전문

　자연의 파동에 몸을 싣고 함께 두근거리고 함께 물들며 만물의 물결 안에서 속속들이 한 몸으로 출렁이는 순간, 시인의 존재는 자연의 날빛이 선사하는 '무한 바깥'의 세계로 활짝 열린다. 안과 밖의 경계가 사라져버린 그 무한한 열림과 트임의 에피파니 속에서 시인의 마음은 세계의 바깥으로 흘러넘친다. 시인이 꿈꾸는 무한 바깥이란 "하루는 만 년이고/순간은 이게 겁"인 세계는 "바람의 가슴도 끝이 없고/강물의 한숨도 끝이 없다/하늘의 구석구석/마음의 구석구석/웃음도 끝이 없고/눈물도 끝이 없"(이상 「하루」)는, 말 그대로 한계가 없는 바깥이다. 시인은 그곳에서 의미의 감옥을 빠져나와 시인의 닫혀 있던 오감(五感)의 문을 활짝 열어젖히며 범람해오는 사물들의 날빛의 장관을 본다. 시인이 "말이 아닌, 교조 따위도 물론 아닌/실물(實物) 빛,/금강(金剛) 빛이여"(「금강 빛이여」)라고 노래하는 그 날빛의 세계란, "날이 맑아/석양은 제 빛이고/하늘도 제 빛이고/구름도 제 빛인데/구름은 또 조개구름/어린 시절에 보던 그대로이니"(「내 심장들이여」)라는 구절에서 시인이 말하듯, 어린 시절에 보던 그대로의 세계이다. 그것은 사물들이 언어가 지시하는 의미의 장막에 가리워진 지시대상으로서만 존재하는 세계가 아니라, 모든 사물들이 제 스스로 빛을 발산하는 세계, 모든 사물들이 제 자신의 빛으로, 향기로, 소리로, 촉감으로, 맛으로 존재하던 어린 시절의 순수한 오감의 세계, 유희의 세계, 놀이의 세계이다. 주변의 사물들을 그 기능적인 용도와 무관하게 유희와 놀이를 위한 장난감으로 만들 줄 아는 능력이란, 문명의 인위보다는 자연의 천진과 더 가까운 어린아이들이 누리는 자연의 위대한 능력이 아니겠는가? 시인이 "세상의 제도와/도덕 위로/미끄러지는/마음의 자연은/(진지한 유희 본능은)/숨어 있는 세상들을/새록새록 열어 보이고"(「공중에 들어 올려진 손」)라고 노래하듯, 자연의 길을 따라 흘러가는 시인의 마음은 어린 시절에 보던 그대로의 세상, 그러나 지금은 인간이 만들어놓은 제도와 도덕에 의해 가뭇없이 사라져버린 세상 속으로 흘러든다. 시인은 세상의 제도와 도덕이 시인의 삶 위에 올려놓은 모든 문명의 먼지 덩어리들을 떨어버리고, 마치 자기 몸의 최소 면적만으로 지표면을 딛고 선 발레리나의 몸짓처럼, 혹은 끊임없이 지상 위로 튕겨 오르는 공의 탄력처럼 가볍게 어린 시절의 단순하고 무지하고 천진했던 무위로움의 세계로 돌아가려 한다.

3. 시가 동트는 그곳

정현종의 시들이 꿈꾸는 날빛 세상이란, 사물의 외양을 덜어내고 덜어낸 뒤, 마침내 몇 가닥의 단순한 선만으로 사물의 본질에 도달한 피카소의 어떤 그림처럼, 사물이 가장 가볍고 단순한 아름다움에 이른 상태를 의미한다. 어떤 의미에서 현상학에서 말하는, 사실적인 모든 것을 넘어 본질을 파악하는 방식으로서의 형상적 환원이란 개념과 통해 있는 그 상태는, 의식이 아닌 직관을 통해, 인간의 의식 속에서 구성되어온 사물의 상(像)을 넘어 사물 그 자체의 상(象)에 이르려는 시적 욕망의 최종적인 목표지이다. 사물의 이미지가 아닌, 사물의 실재로부터 흘러나오는 날빛은 사물들이 "동트는 그곳"(「꽃 시간 1」), 사물들의 존재가 시작되는 창조의 첫 순간으로 되돌아간다. 그것은 어느 한순간도 정지해 있는 법이 없는 바람의 파동처럼 물의 물결처럼, 영원한 처음, 영원한 현재 위에서 출렁인다. 시인이 "아침에는/운명 같은 건 없다./있는 건 오로지/새날/풋기운!"(「아침」)이라고 노래했던 그 아침의 세계에서, 현재는 끊임없이 과거로 흘러들며 인간의 운명과 역사를 만드는 대신, 순간의 영원 속에 명멸하는 '현상의 있음' 그 자체로 소멸한다.

   그러나 사물의 날빛을 지워버린 인간의 역사는 온갖 무거운 것들로 차 있다. 어리석게도 인간은 세상의 왕 노릇을 하기 위해 세상을 망쳐버렸다. 뿐만 아니라 그 망쳐버린 세상에서 살아가기 위해 인간은 자신 또한 망쳐버렸다. 시인이 바라보는 인간의 세상은 이 악순환의 고리에 갇혀버린 지옥이다.

   이 사람은
사람으로 태어나서
자기가 있는 곳을 지옥으로 만들었다.
그리고 그 지옥의 왕 노릇을 하기 위해서는
그곳을 더욱더 지옥으로 만들지 않으면 안 되었는데
그게 지옥의 존속 방법이요
권력의 생리이기 때문이다.

   〔……〕

   이 사람은
태양과 바람과

모든 마음들이 만드는 날빛을

피해 숨어, 아,

아침을 어둡게 만들고

또 저녁을 무겁게 하였다.　　　　　—「지옥」 부분

　지옥 세상을 살아가는 시인의 삶의 무게는 한없이 무겁다. 시인은 이에 대해 "마음이여 몸이여 무거운 건 얼마나 나쁜가"(「바람이 시작하는 곳」)라고 말한다. 그러나 시인은 "자기의 무거움에서 벗어날 길이 없는/대지"(「바람이 시작하는 곳」)의 삶을 한탄하면서도, "땅이 꺼지게 걸어가는 사람이 있어요./한 손에는 책가방을 들고/다른 손에는 쇼핑백을 들고—/이 사람은 하여간 무거운 모양이니/땅이여 꺼지지 마시옵소서"(「걸음걸이 9」)와 같은 시에서처럼 특유의 유머러스한 어법을 구사하기도 한다.

　무거운 세상을 박차고 공중으로 튕겨 오르려는 시인의 언어는 인간의 언어가 아닌 날빛의 언어와 만나는 순간의 전율을 자신의 시 속에 새겨 넣으려 한다. 시인은 "저 모든 종교라는 것들의 경전들을/다 합해도 도무지/그 근처에도 가지 못할/말씀"(「찬미 귀뚜라미」)을 들려주는 귀뚜라미의 울음, 혹은 "그를 서성(書聖)이 되게 한 건/물고기의 몸놀림,/그리고/공중에 마음껏/서체(書體)를 만들고 있는/나뭇가지들이니"(「어떤 예술론」)에서처럼 물고기와 나뭇가지들이 들려주는, 인간의 언어보다 더 위대한 자연의 서체가 주는 감동을 자신의 언어로 옮겨 적으려 한다.

그러나 "시를 쓰련다는 야심은/그것만으로/시를 죽이기에 충분하다는/앙리 미쇼의 말씀!"(「시 죽이기」)이라는 표현처럼, 시인에게 시가 찾아드는 순간은 시인이 시를 쓰려고 마음먹는 순간이 아니다. 시는 쓰려고 마음먹는 순간에 찾아드는 것이 아니라, 예기치 않은 순간 그냥 막 밀려오는 것이다. 시는 언어로 씌어지기 전에, 시인의 존재 안으로 흘러드는 어떤 파동, 시인의 존재가 안팎이 없는 무한을 향해 열리는 그 파동의 순간 속에 존재한다. 아니, 시인의 존재가 언어로 표현할 수 없는 무한에 들려 있는 상태 자체가 이미 시이다. 그리하여 시인은

>시간이 영원히 온통
>푸르른 여명의 파동이거나
>하여간 그런 시가 밀려오는데도,
>무슨 푸르른 공기의 우주
>통과하지 못하는 물질이 없는 빛,
>그 빛이 만드는 웃고 있는 무한—
>아주 눈 속에 들어 있는 그 무한
>온몸을 물들이는 그 무한,
>하여간 그런 시가 밀려오는데도
>나는 일어나 쓰지 않고
>잠을 청하였으니······

(쓰지 않으면 없다는 생각도
　　이제는 없는지　　　　─「시가 막 밀려오는데」 부분

라고 노래하거나,

　　저녁 어스름 때
　　하루가 끝나가는 저
　　시간의 움직임의
　　광휘,
　　없는 게 없어서
　　쓸쓸함도 씨앗들도
　　따로따로 한 우주인,
　　(광휘 중의 광휘인)
　　그 움직임에
　　시가 끼어들 수 있을까.　　─「광휘의 속삭임」 부분

라고 노래한다. 시인은 이 시들에서 잠결에 밀려오는 시를 언어로 옮기는 대신 잠을 청하거나, 시간의 움직임이 빚어내는 광휘 속에 시가 끼어들 자리가 있을까라고 묻는다. 그것은 시는 언어가 아닌, 넘쳐흐르는 시간의 파동과 광휘 속에 존재하는 것이라고, 따라서 시의 본질은 언어로 씌어지기 전에 존재하는 것이며, 씌어지는 순간 시의 본질은 사라지고 그 그림자만 남게 되는 것이라고, 시인이 믿고 있기 때문이다. 시인은 이미 오래전에 발간된 『나는 별아저씨』(1978)의 뒤표지글에서 "이렇게 의식의 촉수(볼티지)가 광명의 정점에 있고 감정의 공간에 사랑의 창이 열려 있는 상태, 모든 게 다 있으면서 동시에 아무것도 없이 미친 듯이 풍부한 상태 ─ 그 역동적 고요의 상태에 이르기 전에는 단 한편의 시도 쓸 수 없다. 한 편의 시는 그것이 씌어지기 전에 결정되는 것이다"라고 말한 바 있다. 이 글에서 모든 게 다 있으면서 아무것도 없는 상태란 언어의 한계를 넘어선 불가시(不可視)의 세계, 혹은 불가지(不可知)의 세계를 가리키는 것일 것이다. 보이지도 않고 설명할 수도 없지만, 존재 전체가 흘러넘치는 파동들에 의해 미친 듯이 들려 있는 상태, 불가시, 혹은 불가지의 세계가 들려주는, 인간의 언어로는 옮길 수 없는 신비한 광휘의 속삭임 자체가 이미 시가 아니겠는가? 따라서 시적 창조의 에너지란 인위적인 의도에 의해서가 아니라 사물의 가장 깊숙한 곳에서 흘러나오는 그 광휘의 속삭임으로 시인과 시가 자연스럽게 하나의 몸으로 들어 올려진 상태에서 솟아나오는 것일 것이다. 그것은 시인이 다음의 시에서 노래하는 창조의 가장 이상적인 상태, "모든 창조의 최상의 길"과 통해 있다.

  조물주는 만물을 창조할 때
  바로 그것들이 되어 그렇게 했다.

> 새를 창조할 때는
> 새와 함께 날고
> 개를 만들 때는
> 개와 함께 뛰었으며
> 물고기를 창조할 때는
> 물고기와 함께 헤엄쳤다 ──「창조」부분

 이 시에 따르면, 가장 이상적인 창조의 길이란 창조하는 것과 창조되는 것이 완벽한 하나의 몸으로 움직이는 것이다. 마치 비좁은 산도를 빠져나오려는 아이의 몸과 함께 몸부림치는 출산하는 여자의 몸처럼 몸과 몸이 하나의 움직임으로 파동치는 것이다. 창조의 에너지가 극점에 이른 순간, 그 둘 사이에는 어떠한 언어도 끼어들 수 없다. 언어는 틈이고 간격이기 때문이다. 아이를 낳기 위해 출렁이는 여자의 몸, 아마도 그것은 인간이 지닌 가장 원초적인 창조의 모델일 것이다. 그런 의미에서 모든 창조의 근원은 여성성이다. 시를 낳는 순간의 시인 또한 그렇다. 모든 시인은 여성성을 동경한다. 이 세계에서 생명이 생명을 낳는 순간보다 더 아름다운 시가 어디 있겠는가? 다음 시에서 엄마와 딸이 생명과 생명이 이어지는 시작도 없고 끝도 없는 거대한 무의식의 시간 속을 걷고 있는 장면 또한 시인이 말하는 "모든 창조의 최상의 길"과 통해 있다.

> 엄마가 어린 딸의 손을 잡고 지나간다.
> 뭐라고 뭐라고 딸이 옹알거리고
> 뭐라고 뭐라고 엄마가 되풀이한다.
> 나는 누구인가.
> 나는 저 딸아이가 낳은 것이다
> 라는 생각이 번개처럼 스친다.
> 시작도 없고 끝도 없다. ──「거대한 무의식」부분

  시인은 누구인가. 저 딸아이가 낳은 것이다! 시인뿐만 아니라 인간은 모두 여자의 몸에서 태어났지만, 여자의 몸에서 빠져나온 이후 인간이 구축해온 문명과 역사란 결국 그 여자를 언어의 감옥에 가두기 위한 길고 긴 지옥의 시간들이었을 뿐이다. 자연을 버리고 문명의 감옥으로 걸어 들어가면서 인간은 자기 내부의 여성을 잃어버렸다. 여성이 사라지자 인간세계의 낙원 또한 사라졌다. 시란 꽃 핀 무덤들의 세계인 이 난만한 문명세계의 한가운데서 사라져버린 여성성을 호명하는 자들의 몫이다. 인간이 '나'와 '너'로 분할되기 이전, 인간이 세계를 분할하고 그 분할된 세계의 경계선 안에 스스로 갇혀버리기 이전, 여성성으로 흘러넘치는 둥근 모음들의 세계 속에 시는 존재한다. 무한한 날빛 파동의 세계를 꿈꾸는 정현종의 시들은 그렇게 세계의 기원인 여성성, 그 잃어버린 '꽃 시간'을 향해 시간의 물결을 거슬러 오른다.

나는 여자를 잘 안다

즉 여성성이 뜻하는 걸 잘 안다.

여자는 자연이다.

우리의 자연,

잃어버렸다는 낙원의 현현을

반짝이지 않을 수 없다.

역사 이전

문명 이전

나 이전

너 이전

의

원초

또는

앙드레 브르통과 더불어

"모음들로 넘쳐흐르는 화관(花冠)."

——「여자」 전문